EXTRAIT DE LA *REVUE DE TOULOUSE.*

(LIVRAISON DU 1ᵉʳ OCTOBRE 1858.)

HISTOIRE LOCALE.

Etude historique sur les Etats du Languedoc sous Louis XIV (1).

L'ordre du clergé aux Etats du Languedoc comptait trois archevêques (Narbonne, Alby, Toulouse), vingt évêques (Montpellier, Carcassonne, Nismes, Le Puy, Béziers, Uzès, Viviers, Mende, Castres, Saint-Pons, Agde, Mirepoix, Lodève, Lavaur, Saint-Papoul, Aleth, Comminges, Rieux, Alais et Lombez); ses membres siégeaient en rochet et camail.

L'ordre de la noblesse était composé d'un comte, M. le comte d'Alais (2); d'un vicomte, M. de Polignac; de vingt et un barons : un du Vivarais (alternativement les barons de Tournon, de La Voute, d'Annonay, l'Argentière, Aps, Crussol, Joyeuse, Saint-Remery, Brion, Boulogne, Privas et Chalenton), un du Gévaudan (les barons de Mercœur, Canillac, Chasteauneuf, Tournal,

---

(1) Il m'a paru intéressant de rassembler ces notes éparses dans le grand ouvrage publié par le regrettable M. Depping dans la collection des documents inédits sur l'histoire de France, sous le titre de : *Correspondance de Louis XIV*, et d'essayer ainsi de tracer une rapide mais fidèle esquisse des débats parlementaires du Languedoc à cette époque.

(2) Alais appartint aux maisons de Canillac, de Montmorency, de Guise et enfin au prince de Conti.

Desrandon, Peyre, Apcher, Senarel et Florac, alternativement); puis enfin ceux de Clermont, Mirepoix, Florensac, Arque, Douairoux, Lauta, Ganges, La Gardiolle, Saint-Félix, Villeneuve, Barjac, Castres, Rieux, Calvisson, Murinel, Castelnau-d'Estrefonds et Castelnau-de-Bellefonds. Quand l'un de ces membres ne pouvait venir, il envoyait un procureur qui, comme le titulaire à sa première apparition aux Etats, devait prouver de quatre races de noblesse de chaque côté, suivant la délibération du 5 mai 1654; ils siégeaient avec l'épée.

Le tiers Etat était représenté : 1º par un ou deux députés de chaque ville chef-lieu de diocèse; 2º par un certain nombre de députés diocésains fournis par la ville chef-lieu pour seize diocèses et par les villes de Gignac, Pézenas, Clermont, Marvejols, Castelnaudary, Valentine, Fangeaux, pour ceux de Béziers, Agde, Lodève, Mende, Saint-Papoul, Comminges et Mirepoix.

Les trois ordres avaient en outre sept officiers : trois syndics généraux pour les anciennes sénéchaussées de Toulouse, Carcassonne et Beaucaire; deux secrétaires; deux trésoriers.

L'assemblée se faisait par lettres de cachet expédiées aux députés, et la séance s'ouvrait par la lecture des commissions des commissaires royaux, lesquels étaient le gouverneur général, un lieutenant général, trois lieutenants de roi, l'intendant et deux trésoriers généraux des finances de Toulouse et de Montpellier. Quand ils se présentaient à l'hôtel des Etats, les syndics généraux les recevaient dans la rue, les maires et consuls des cinq premières villes dans la cour, et trente-trois gentilshommes au bas des degrés; en sortant, ils étaient reconduits de même; en outre, six évêques les menaient jusqu'au perron.

La session était remplie par les rapports des députés, la confection du cahier de remontrance, le vote du don gratuit, la vérification des dettes de la communauté et l'établissement des impôts, tailles, etc.

Indépendamment de la réunion des Etats de la province, il y avait tous les ans assemblée de chaque diocèse, convoquée un mois après la tenue de la grande session pour l'assiette de l'impôt : elle se composait de l'évêque, d'un baron, des députés ordinaires du tiers et d'un commissaire royal. Les pays du Vivarais, du Velay et du Gévaudan seuls affectaient une forme particulière. En Vivarais, la noblesse et le tiers seuls siégeaient, savoir, douze barons toujours représentés par leurs baillis, et les consuls ou députés de treize villes privilégiées; l'évêque n'y paraissait que comme baron; son grand vicaire également comme baron de Viviers; enfin le bailli du Puy y assistait toujours.

En Velay, la présidence appartenait à l'évêque du Puy; à son défaut, au vicomte de Polignac; y siégeaient le sénéchal, le commissaire royal, huit députés du clergé, quinze barons, neuf consuls et un syndic. En Gévaudan, l'évêque de Mende présidait toujours par lui ou son grand vicaire; après venaient le bailli, le commissaire, les consuls de Mende et de Marvejols, six abbés et un chanoine de la cathédrale de Mende, huit barons, dix-huit consuls, un syndic.

Après la session des Etats du Languedoc, tenue en 1622 à Pézenas, ils demeurèrent quelques années sans être convoqués, par suite des guerres et de la rébellion de M. le duc de Montmorency. A la première assemblée, faite en octobre 1632 à Béziers, le roi fit fixer les dépenses de la province à 1,214,431 livres et le don gratuit à 1,050,000 livres; en même temps le roi ordonnait que les sessions auraient lieu régulièrement à l'avenir chaque année et ne pourraient durer plus de quinze jours. Cet édit empiétait sur les droits des Etats en rendant fixes les impositions par suite du règlement des dépenses, tandis que les députés devaient en avoir l'appréciation exclusive. Le gouvernement se rendit à ces observations en 1649 et décida que tout serait remis sur l'ancien pied : que les Etats se rassembleraient au mois d'octobre et pourraient délibérer pendant un mois. C'était incontestablement une concession, et quand Louis XIV voulut revenir sur ce retour, il ne put vaincre la résistance des députés, qui préférèrent donner une plus forte somme et conserver leur indépendance. C'est précisément par cette session que je vais commencer cette étude sur les Etats du Languedoc.

Cette session présente un intérêt d'autant plus grand que pendant sa durée la cour se trouvait à Toulouse, où se tenaient les Etats; que c'était au moment où, vainqueur de l'Espagne par le traité des Pyrénées, Louis XIV inaugurait brillamment son règne et établissait solidement son pouvoir. Mais ce prestige ne put agir sur les députés. La première séance s'ouvrit le 30 septembre 1659 en présence du comte de Cardaillac de Bieule, lieutenant général de la province, et de M. Bazin de Bezons, intendant. Ce fut le 22 octobre que les commissaires firent connaître l'intention du roi de révoquer l'édit de 1649 pour rétablir purement et simplement celui de Béziers. M. de Bezons développa ainsi cette pensée en termes passablement pompeux : « Messieurs, quoique l'ambition soit » la plus légitime passion des grandes âmes et la vertu des con- » quérants, l'expérience nous vient faire veoir que le roy au milieu » de ses victoires et de ses triomphes s'est désarmé luy-mesme » pour establir une paix solide et pour procurer le repos à ses sujets : » après avoir longtemps combattu pour la gloire de l'Estat, et rendu » à la France ses anciennes limites du Rhin et des Pyrennées, après » y avoir réuni l'Artois et fait sentir à tous ses alliés l'effet de sa » puissante protection, il a creu estre obligé de remettre le lustre » au-dedans de son royaume, comme il en avait estendu la gloire » au-dehors, et comme il avait rendu par sa conqueste cette jus- » tice à son Estat, il a creu se la devoir à soy-mesme en restablis- » sant son autorité, qui est le fondement de sa grandeur et la » source du bonheur des peuples. Ainsy faisant réflexion sur la » conduite de cette province, il a pensé que son autorité avoit été » blessée par la révocation de l'édit de Beziers fait en 1649 dans un » temps de trouble et d'orage. » L'archevêque de Narbonne répondit aussitôt au nom de la compagnie que « la proposition avoit » quelque chose de si surprenant et de si peu attendu qu'il n'avoit » point de parole pour exprimer sa pensée et son étonnement. » L'assemblée se sépara aussitôt, et les jours suivants furent absorbés par les discussions des commissions : ce furent de perpétuelles allées et venues entre les Etats, l'hôtel du surintendant général des finances et les seigneurs de la cour, des conciliabules, des conférences. Les députés comprenaient qu'ils triompheraient à force d'argent des intentions du gouvernement, mais ne pouvant se décider à voter la somme nécessaire, ils espérèrent un moment que l'arrivée de Mazarin aplanirait ces difficultés ; ce ministre adopta avec empressement, comme on pense, la ligne de conduite précédemment suivie par la cour et anéantit ainsi les dernières espérances des Etats. Enfin, le 30 octobre, ils consentirent à offrir une somme de 2,000,000 de livres au roi. Le don ne parut pas suffisant : Louis XIV voulut davantage, plus 1 million pour sa première entrée dans la province. Nouvelles rumeurs, nouvel effort : les Etats offrirent 2,500,000 livres, le 2 novembre. La cour ne voulut pas encore accepter, et les disputes continuèrent encore. Chaque jour on parvenait à faire faire un pas de plus aux Etats. Le roi cependant songeait à se rendre en Provence et en Roussillon, et fit signifier à l'archevêque de Narbonne que l'assemblée eût à en finir avant son départ. Force fut d'obéir et de voter 3 millions pour tout ce qui était demandé et à condition qu'aucuns frais de logements militaires ne seraient mis à la charge de la province; encore la somme était-elle offerte « sans qu'il puisse en estre tiré à conséquence. »

Louis XIV, ayant obtenu ce qu'il voulait, fit droit aux nombreuses conditions auxquelles avait été soumis l'octroi du don gratuit, et par son édit du 27 décembre, il se rendit à son tour au vœu si hautement exprimé par les Etats : « Nous avons estimé que nous
» devions faire cesser tous les sujets de plainte par notre auto-
» rité et récompenser la fidélité des habitants de notre province par
» le témoignage public de notre bonté en leur endroit qui nous
» porte avec satisfaction à la maintenir en leurs droits. A ces cau-
» ses....... avons confirmé et confirmons en tant que besoin est,
» l'édit du mois d'octobre 1649 portant révocation de celluy de
» Beziers, de l'année 1632. »

En conséquence, les Etats réglèrent ainsi qu'il suit, pour l'année 1660, les dépenses du Languedoc : 189,850 livres pour l'aide ; 279,700 livres pour l'octroi ; 12,000 livres pour les travaux des fortifications ; 99,000 livres pour M. le gouverneur et les lieutenants généraux ; 25,170 livres pour les gardes du gouverneur et commissaires des guerres ; 165,000 livres pour le taillon; 237,000 livres pour les mortes-payes et garnisons ; 59,947 livres pour la crue de 600,000 livres. Le même jour, l'archevêque de Narbonne chantait un *Te Deum* solennel pour célébrer l'heureuse issue de ces fâcheuses discussions ; puis on notifia aux divers donataires les sommes que leur avait allouées la reconnaissance des Etats : 80,000 livres au duc d'Orléans, gouverneur général ; 40,000 livres au comte de Bieule, lieutenant général, président des Etats ; 7,000 livres à l'intendant ; 4,000 livres à M. de Choisy, chancelier du duc d'Orléans ; 3,000 livres à M. Goulas, secrétaire de ses commandements ; 3,000 livres à M. Mascranny, pourvu de la même fonction ; 1,900 livres aux commis de ces messieurs. C'étaient encore des sortes d'impôts indirects si l'on veut, mais qui n'en coûtaient pas moins au pays. Anciennement d'ailleurs, ces charges étaient bien plus scandaleuses. Voici l'état des dons faits en 1600 par les Etats du Languedoc tenus à Beaucaire : au connétable de Montmorency, gouverneur général, 6,000 écus ; à son fils, 2,000 écus ; au duc de Ventadour, 2,000 écus ; à la connétable, « pour la grattifier des » faveurs qu'il luy plaist ordinairement départir audit pays, » 1,000 écus ; à la duchesse de Ventadour, 1,000 écus ; aux musiciens de l'évêque de Lodève, pour avoir chanté la messe solennelle, 100 écus ; à l'évêque de Lodève, pour ses frais et son voyage en cour pour les Etats, 1,000 écus ; aux écrivains des remontrances, 118 écus 1/3 ; au chevaucheur du connétable, 33 écus 1/3 ; au prédicateur, 20 écus ; aux clercs grossoyeurs, 20 écus.

De nouvelles intrigues signalèrent la session des Etats de 1661, qui ne s'ouvrit que le 2 janvier 1662 à Béziers. L'intendant de Bezons mit cependant tout en œuvre pour aller au-devant de ces embarras, et ses dépêches à Colbert sont excessivement curieuses à cet égard. La cour voulait donner la présidence à l'archevêque de Toulouse ; mais, comme il était malade, Bezons fit comprendre quelles difficultés naîtraient infailliblement d'une double direction donnée aux discussions : l'évêque de Viviers fut donc choisi, et il accepta, non sans témoigner au roi, « avec tout le respect qu'il » lui devoit, que l'honneur qu'il recevoit de diriger cette assem» blée allait lui apporter une étrange confusion que l'on voye que » ceux qu'il présideroit soient honorés du cordon de l'ordre et qu'il » ne l'ayt pas. » Et il allait jusqu'à dire que, « bien que devant » que de partir de son diocèse pour venir à Béziers, il eut le vent » qu'il y recevroit ce déplaisir, il n'a point voulu s'excuser de » ce voyage » (2 janvier). Le même jour, il s'en expliquait plus nettement avec Colbert, lui écrivant ceci : « J'advoue que ce m'est » une mortification que je n'aurois pu pour quoy que ce fut au monde » me résoudre d'essuyer, le service du roi excepté, car ces per» sonnes qui reçoivent le cordon de l'ordre n'ont ni plus de nais» sance ni plus de moyen de servir que moy. » Bezons, sans se préoccuper de cette petite difficulté, ne songeait qu'à bien préparer les esprits, et il divulgue très-franchement ses moyens à Colbert : « Il y a deux remèdes infaillibles pour faire réussir les affaires du » roy aux Estats, dit-il ; le premier c'est que S. M. fasse distinc-

» tion dans la suite de ceux qui le servent bien d'avec les autres,
» et pour moy je leur laisseray bien croire que j'envoyeroi le
» roolle des opinions et de l'avis dont chacun aura esté : cette voye
» regarde les évêques et les barons ; le second dépend de Mgr. le
» prince de Conty, à l'esgard des consuls, qui est de leur tesmoi-
» gner de la sévérité pour les obliger à se bien conduire » (21 novembre) : enfin la veille de l'ouverture, il va plus loin et demande
à Colbert le pouvoir de faire *quelque dépense*, ce que le ministre
lui permit sans fixer de somme.

L'évêque de Viviers entama les affaires d'une façon qui ne devait
pas lui faciliter l'obtention du cordon qu'il désirait tant ; à l'ouverture de la session, il prononça un discours tendant à faire ressortir
la pauvreté de la province et l'inutilité de la paix pour le bien-être
des populations : c'est l'évêque de Saint-Papoul qui s'empressa de
faire savoir ce détail à Colbert : tout en excusant son collègue, ce
prélat remarque qu'il aurait bien pu se passer de cette sortie :
« Je ne crois pas cependant, ajoute-t-il, que cela aye fait mau-
» vais effet, ayant prononcé sa harangue avec peu de fermeté et
» de vigueur et la lisant le plus souvent. » M. de Conty fut plus
net ; il termina par ces mots qui devaient désarmer bien de faibles
courages : « Souvenez-vous que je parle pour un roy et un roy qui
» gouverne. » Bezons demanda 2,500,000 livres pour le don, autant
pour le fond des recettes générales, le parisis sur toutes les fer-
mes, l'établissement des quatriennaux. De ce moment les intrigues
ne cessèrent plus ; les évêques étaient généralement bien disposés
pour la cour, et tout faisait espérer qu'on obtiendrait la somme
désirée réellement par le gouvernement, c'est-à-dire 1,500,000
livres : dans les premiers jours, on parla de 1,200,000 livres, mais
les consuls de Narbonne ne se prononcèrent que pour 800,000 ;
les capitouls de Toulouse firent, par extraordinaire et par l'influence
de M. de Conty, cause commune avec la noblesse et le clergé :
l'évêque de Montauban seul résistait avec force et menaçait d'en-
traîner l'archevêque d'Alby, qui penchait pour un million seulement. Les jours se passèrent ainsi à batailler sur quelques milliers
de livres de plus ou de moins ; les agents royaux cependant ne se
ralentissaient pas : tantôt c'est l'évêque de Saint-Papoul qui attaque
un consul d'Agde, sous prétexte qu'il n'était pas régulièrement
pourvu, mais en réalité parce qu'il n'était pas bien disposé, tan-

dis qu'on le remplaçait « par un homme qui voterait bien ; » tantôt c'est l'évêque de Mende qui engage Colbert à demander officiellement les noms des consuls qui se prononcent pour la cour. Au début cependant les affaires prenaient une assez mauvaise tournure : l'évêque de Viviers insistait nettement sur la pauvreté du pays et contre les prétentions du gouvernement; Mgr. de Castres (d'Anglure), tout en reconnaissant le bon vouloir des gentilshommes et des prélats qui, à eux seuls, constituaient trente-six voix, bon vouloir « auquel on a travaillé de reste en imprimant une cer-
» taine crainte dans l'esprit par l'exemple des châtiments de la
» Bourgogne, de la Provence, et nouvellement du Béarn, à ce
» point que le 19 janvier le don à 1,200,000 livres fut passé à la
» majorité moins huit voix seulement ; » Mgr. de Castres, dis-je, engageait vivement Colbert à borner ses prétentions à ce chiffre, que le prince de Conty adoptait également, tout en promettant de demander plus (20 janvier). Au moment où on s'y attendait le moins, les Etats votèrent ce qu'on désirait; l'évêque de Mende se hâta d'en informer Colbert : « Je vous diray que le don
» est arrivé à 1,500,000 livres et certainement d'assez bonnes grâ-
» ces; mes gens ont fait leur debvoir. C'est présentement au roy
» à parler ; s'il est content, nous sommes présentement hors d'affai-
» res ; s'il veut plus, vous vous trouverez en peine, car plusieurs
» députés qui vous ont été favorables ce matin, ne le seront une
» autre fois » (1er février). Comme on le pense, la cour se déclara satisfaite et la session se termina heureusement.

L'ouverture de la session 1662-1663 fut assez laborieuse même avant l'engagement de la discussion : le roi voulait donner la présidence à l'évêque de Castres, nommé à l'archevêché de Toulouse, mais non encore pourvu de ses bulles, et on craignait l'opposition de ses collègues. Il est curieux et vraiment instructif de suivre toutes les intrigues que soulevait ce petit détail de pure formalité, car on voit encore mieux combien les hommes sont toujours les mêmes dans tous les temps. Dans cette circonstance, ce fut le marquis de Castries qui eut les honneurs de l'affaire : il se donna un mal infini ; il écrivit aux neveux de quelques évêques réputés douteux pour se les attirer, fit agir Mme de Montausier sur M. d'Uzez; indiquait ceux qui ne devaient pas venir aux Etats et qui par conséquent ne causeraient aucun embarras. L'évêque d'Alby seul protesta hau-

tement, ce qui décida le prince de Conty à transférer l'assemblée de cette ville, où elle devait avoir lieu, à Pézenas, et il en fit brusquement l'ouverture le 24 novembre 1662 pour surprendre les meneurs qui s'attendaient encore à trois ou quatre jours de répit. Tout se passa bien ; Colbert, néanmoins, en conçut une certaine inquiétude et parut regretter ce différend qui lui semblait compromettre quelque peu le succès du don gratuit, qui, cette fois, était de 2,500,000 livres pour en avoir 2,000,000 : « Je suis bien
» ayse, écrit-il à l'intendant de Bezons le 24 novembre, que la
» présidence des Estats soient asseurée à Mgr. de Toulouze par la
» raison de l'advantage que le roy en recevra ; mais je prevoy bien
» qu'elle pourra donner quelque petit embarras par le mescon-
» tentement que plusieurs évesques et mesmes quelques barons en
» tesmoignent, de sorte qu'il est bien nécessaire que vous redou-
» bliez vos soins et votre application pour surmonter le dégoust qui
» en pourroit estre dans les esprits et empescher qu'il n'en arrive
» rien de préjudiciable aux affaires et au service du roy. » Et plus tard, le 1er décembre, comme si cette inquiétude avait grandi dans son esprit : « Le roy en partant ce matin pour aller visiter sa
» nouvelle conquête de Dunkerque m'a commandé de nouveau de
» vous faire scavoir de sa part que S. M. s'asseurait que vous feriez
» tous vos efforts pour disposer l'Assemblée à accorder les 2,000,000
» demandez *dont il y en ayt* 500,000 *comptant*, fesant connaistre
» à tous les députés de quelle importance est l'acquisition d'une
» place si considérable..... Il sera bon aussy de leur dire que M. le
» prince a obligé les Estats de Bourgogne à faire une avance de
» 300,000 livres comptant, ce qui est sans doute considérable pour
» une province qui, comme la Bourgogne, n'a pas l'estendue, ni
» en soy les advantages et les prosperités que possède le Langue-
» doc. » M. d'Alby se retira dès le commencement, et aussitôt tous les prélats présents, même ses amis, votèrent à l'unanimité pour le gouvernement. « Ce qu'il faut écrire à Rome, mande l'évêque
» de Saint-Papoul à Colbert, car dans les conjonctures des affaires
» présentes, il y va de l'interest et de la satisfaction de S. M. que
» le pape sçache de quelle manière les évêques et tout le royaume
» deffèrent à la seule nomination du roy. » Le clergé et la noblesse, en effet, étaient bien disposés, mais le tiers Etat allait provoquer de véritables violences, ne voulant pas qu'on donnât plus de

1,200,000 livres. M. de Conty cependant fut si éloquent dans sa harangue, s'exprima « en termes si beaux et si obligeants, dit » l'archevêque de Toulouse, qu'ils vallent l'argent qu'ils demande; » mais cela ne parut pas être l'avis de messieurs du parterre, à la tête desquels figuraient les capitouls de Toulouse; ces derniers soutenaient maladroitement l'opposition, car leur ville étant en dehors du don gratuit par l'abonnement consenti par le gouvernement, ils n'y avaient aucun intérêt; aussi le président les fit-il venir chez lui pour leur dire « qu'il s'estonnoit que la cité de Tholoze, laquelle » est abonnée, souffroit que ses capitouls parussent dans les assem- » blées continuellement comme des tribuns du peuple contre le » service du roy, et que cela seroit cause que quelque jour on » pourroit bien casser leur abonnement et qu'alors il seroit plus » tolérable qu'ils fissent bruit pour défendre leur interest » (même dépêche, 11 décembre), menace que Colbert se hâta d'approuver. Le 15 décembre, les Etats consentirent à un don de 1,200,000 livres, « et le firent agréablement; » seuls se prononcèrent pour une somme plus faible les grands vicaires du Puy et de Montpellier, les consuls de Nismes, du Puy, d'Aleth, de Mirepoix, de Castres, de Comminges et de Béziers, les députés diocésains de Toulouse, de Carcassonne et de Mirepoix (lettre du marquis de Castries à Colbert); cette fois les capitouls avaient cédé devant le sévère langage qui leur avait été tenu. C'était un premier pas, mais le plus difficile n'était pas fait : les députés du tiers paraissaient même disposés à prolonger indéfiniment la session à cause de l'intérêt qu'ils y trouvaient, étant plus ou moins payés selon la durée de leur séjour; mais le prince de Conty alla au-devant de ces honteuses petitesses en leur faisant savoir qu'ils toucheraient chacun 400 écus, « soit » que les Estats durent un mois, soit qu'ils durent quatre ou six ; » de la sorte vous les verrez terminés dans trois semaines, le roy » bientôt satisfait et la province soulagée » (l'évêque de Mende à Colbert, 12 décembre). Une autre cause allait séduire encore les esprits et surtout ceux de messieurs du tiers, c'était l'approbation déjà donnée par Colbert au projet de Riquet pour la création du canal du Midi.

Les barons ne se gênaient pas davantage pour retirer leur profit de ces desseins, et l'un d'eux, le marquis d'Ambres, ne rougit pas d'écrire à Colbert, quoique ne le connaissant pas, pour lui demander le maintien de son nom sur la liste des pensions et lui promettre à ce prix sa bonne volonté. Enfin, le 23 décembre au matin on vota 1,400,000 livres pour le don et 200,000 pour Dunkerque, et en informant Colbert de ce succès, l'intendant Bezons ajoute, après lui avoir conseillé de se contenter de cette somme : « Je puis vous » dire en vérité qu'ils ont fait plus qu'ils ne peuvent, et vous le juge- » rez bien, puisqu'ils n'imposent que 1,300,000 livres, et qu'il faudra » chercher le reste par voye d'emprunt. » En même temps, l'archevêque-président mande également, « que si on les pressoit davantage, » on n'auroit que des pleurs et des gémissements au lieu d'argent. » Il ne faut pas d'ailleurs s'abuser sur ce résultat : l'intérêt y avait eu une trop large part, et Mgr. de Toulouse ne dissimule pas que si les capitouls ont fait leur devoir, « il est vray qu'il y en a un » qui ne l'a pas fait si désintéressement que l'autre » (dépêches du 1er janvier 1663). Le roi se hâta d'accepter, ce qui délivra le pauvre archevêque d'une grande inquiétude et lui « fit rendre des » actions de grâces de tout son cœur. » Le reste de la session paraissait devoir se terminer paisiblement, quand tout d'un coup une vive opposition s'éleva contre le projet de canal, sur lequel la cour avait fondé assez d'espérances; puis les députés du tiers réclamèrent un supplément d'indemnités, et s'attachèrent à ces prétentions avec beaucoup de violence : M. de Conty se prononça d'une manière qui n'admettait pas de réponse, mais les évêques ayant fait mine de soutenir les députés du tiers pour faire un tour à leur président contre lequel ils nourrissaient toujours un ancien sentiment de rancune, M. le prince préféra déclarer brusquement la session close, le 3 février, « autrement les choses se se- » roient engagées de manière qu'on en auroit eu déplaisir » (dépêches de Bezons à Colbert du 5 février 1663).

Les Etats de 1663-1664 furent beaucoup plus calmes : du premier vote on alla à 1,200,000 livres unanimement, et comme le roi, après une augmentation de 200,000 livres seulement, se déclara satisfait, à cette nouvelle, les députés laissèrent, à ce qu'il paraît, éclater une joie bruyante et prolongée (5-31 décembre 1663) : la session se prolongea jusqu'au mois de février suivant; mais tout marcha si bien qu'on n'eut même pas à employer les moyens ordinaires : je reproduis ici, à titre de renseignement sur la moralité de nos anciennes assemblées, ce passage d'une dépêche confiden-

tielle adressée par Bezons à Colbert, le 1ᵉʳ février : « Vous m'aviez
» fait l'honneur de me tesmoigner que S. M. trouveroit bon que l'on
» employat quelque argent dans les estats pour faire réussir les
» affaires avec plus de facilité ; mais jusqu'à présent, cela n'a point
» esté nécessaire, et je prévois que nous finirons sans estre obligéz
» de nous servir de cet expédient. »

La session qui commença à Béziers, le 4 décembre 1664, fut plus orageuse, et les députés se montrèrent moins accommodants : le projet de dessèchement du marais d'Aigues-Mortes pour la création du canal souleva d'abord des disputes, puis on eut beau faire, on ne put obtenir plus de 1,400,000 livres de don ; en cela les efforts du prince de Conty échouèrent : mais le véritable scandale fut le spectacle des luttes qui divisèrent les évêques de Toulouse et d'Alby. La veille de la clôture, l'archevêque de Toulouse, ayant obtenu, malgré l'évêque d'Alby, des votes favorables sur les diverses propositions du gouvernement, s'écria : « Nous finirons, messieurs,
» après-demain, si vous l'avez agréable, et donnerons la monstre de
» grâce (indemnité extraordinaire) à ces messieurs qui ont bien
» servy le roy. M. d'Alby prit la parole et dist : — Ne l'avons-nous
» pas bien servy ? — On prétend que M. de Thoulouze répondit :
» — C'est faux, — et au mesme temps se leva et sortit de sa chaise
» pour s'en aller, et passant devant M. d'Alby, ce dernier luy
» dist : — Vous estes un fripon, ce sont là des tours de fripon, —
» ce que M. de Thoulouse n'entendit pas, estant un peu sourd »
(dépêches de Bezons à Colbert, 6 mars). Les députés du tiers suivirent le président, tandis qu'une émotion indescriptible se produisait sur les bancs de la noblesse et du clergé ; l'intendant Bezons se hâta d'accourir pour intervenir officieusement. Il trouva l'archevêque remonté à son fauteuil et, informé du propos de son collègue, lui en demandant raison. « Arrivant à sa place, l'archevêque y
» trouva M. de Viviers, et croyant que ce fust M. d'Alby, il lui
» dist : — Sors de là, infâme coquin ! — L'autre lui répliqua :
» — Si la place estoit à disputer entre nous deux, je vous la
» ferois bien quitter ! — M. d'Alby présenta le poing contre M. de
» Thoulouze dont le camail fut déboutonné. » L'intendant arriva au milieu de cette scène déplorable, et parvint, après de longs pourparlers, à calmer cette irritation, et les trois prélats insultés finirent par s'embrasser.

Ces fâcheuses scènes ne se reproduisirent pas l'année suivante, mais il y eut beaucoup de tirage pour obtenir ce qu'on voulait et encore n'y parvint-on pas. Un évènement malheureux vint du reste augmenter l'embarras : au milieu de la session, le prince de Conty, qui menait les affaires avec une vigueur toute militaire, tomba malade à la fin de décembre et fut obligé de quitter Béziers ; il mourut deux mois après. Le tiers Etat profita de cette circonstance qui désorganisait le parti royal : « Jamais il n'y avait eu » tant de liaison dans le parterre, mandent les commissaires à » Colbert le 15 février ; la longueur du temps a gasté les esprits, » comme elle fait toujours dans les compagnies populaires : » il proposa 1,600,000 livres, les commissaires refusèrent ; puis 1,700,000 livres, nouveau refus ; on voulait au moins 1,800,000 livres ; mais quelques membres des hauts bancs se joignirent aux députés des villes et il fut impossible d'arriver au-delà de 1,740,000 livres (20 février).

Nouvelle difficulté en 1666 ; le roi voulait que les Etats se tinssent à Montpellier, mais l'archevêque de Toulouse repoussa ce projet à cause de l'influence que les consuls exerçaient sur les chambres des comptes : il y ajouta deux autres raisons, d'abord la cherté de la vie dans cette ville, puis « que Montpellier est un » lieu de desbauche et de divertissement ce qui amusera les dépu- » tés, en sorte que les Estats employeront plus de temps aux bals » et aux comédies qu'à travailler à l'expédition des affaires. » Enfin, « on pourroit adjouster que depuis trois ou quatre ans, M. l'éves- » que de Montpellier s'estant rendu fort contrariant en toutes cho- » ses, s'est abstenu de venir aux Estats ; si nous l'allons trouver » chez lui, nous l'y trouverons tout entier, c'est-à-dire avec sa » belle humeur. » On choisit donc Carcassonne, et le duc de Verneuil, qui y remplaça le prince de Conty, faillit tout brouiller en exigeant que les prélats l'appelassent monseigneur ; le don fut de 1,200,000 livres seulement, et 300,000 livres pour le canal (28 décembre 1666). L'année suivante la session se tint à Montpellier, malgré la constante opposition du bon archevêque de Toulouse qui, maintenant ses observations précédentes, désignait au contraire Pézenas « où il n'y a de logement précisément que ce qu'il » faut pour les Estats, et qui est plus propre, parcequ'il n'y peut » venir de souffleurs que nous n'en soyons avertis, outre que ce

» n'est pas un lieu où il se rencontre de grandes compagnies pour
» divertir l'application de ceux qui doivent travailler. D'ailleurs
» l'air y est fort bon et les jours fort beaux en hyver, et ceux qui
» se contenteront des plaisirs de la promenade trouveront assez
» de quoy pour se desennuyer. Pour moy, ajoute-t-il avec raison,
» je suis persuadé qu'en ce pays icy où chacun veut mettre son
» nez dans toute sorte d'affaire, il n'y a rien de tel que de fuir les
» grandes villes où il y a des personnes autorisées par le commun
» qui s'érigent en politiques. » Le don atteignit cependant 1,400,000 livres (9 janvier 1668); mais ce ne fut pas la faute des capitouls de Toulouse qu'irritait extrêmement la bonne volonté que le tiers témoignait par exception cette année. En mars 1669, même vote à Pézenas ; l'année suivante ce fut mieux, les Etats, réunis à Montpellier, offrirent sans contestation 1,400,000 livres pour le roi, 2,000,000 pour les travaux du port de Cette, et enfin 100,000 livres pour « aider le sieur Riquet dans ses despenses» (30 janvier 1671). Ce fut encore mieux dans la même ville aux Etats de 1671-1672 ; on vota unanimement et dès le début 1,700,000 livres; aussi le nouvel archevêque de Toulouse, M. de Bonzy, en rendant compte à Colbert et lui signalant les plus zélés d'entre les membres, messeigneurs de Mende « qui fit des miracles à son ordinaire, » de Montpellier, de Comminges, de Castres, même les capitouls, demande que le roi exprime sa satisfaction par une dépêche spéciale (22 décembre 1671), ce que Louis XIV fit en ces termes le 1er janvier suivant : « Mons. (de Toulouse), vous m'avez
» représenté si agréablement par vostre lettre la nouvelle forme
» qui s'est pratiquée en ces derniers Estats, de commencer les
» délibérations par mes propres affaires, le don gratuit étant porté
» d'abord à la somme que je désirois, le zèle du premier opinant
» (Mgr. de Mende), et l'émulation du tiers ordre à me plaire, que
» vous avez augmenté la satisfaction que j'ay du procédé de l'as-
» semblée, par la manière de m'en rendre compte. J'ay seulement
» à me plaindre que vous ayez omis l'application, la dextérité et
» le mérite du président, mais la chose parle d'elle-mesme et me
» confirme qu'en tous lieux et en toute sorte d'emplois, je ne dois
» attendre de vous que des marques peu communes de vostre
» ardeur à me servir. »

La session de 1672-1673, à Montpellier, amena, outre un fort em-

prunt, 2,000,000 de livres pour le don gratuit (10 décembre 1672) ; même résultat en 1673 (novembre). Mais il ne faut pas s'exagérer cette amélioration dans les esprits ; les grâces royales et surtout de bonnes sommes distribuées à propos étaient de meilleurs arguments que la raison d'Etat et faisaient promptement oublier aux députés la pauvreté excessive de leur province, et leur conduite réellement coupable pour les intérêts de la population, d'autant que s'ils demandaient en même temps la suppression des droits fiscaux que les fermiers exerçaient avec une rare avidité, ils le faisaient mollement et sans suite. J'ai eu sous les yeux une lettre écrite par un membre des Etats à Colbert, le 28 novembre 1672, lettre non signée, mais qui par sa forme provient évidemment d'un député des hauts bancs, et qui en remerciant le ministre d'une gratification de 500 pistoles, lui promet de soutenir de toutes ses forces le projet du canal Riquet. C'est à cette démoralisation, à cette corruption qui n'est pas une des moindres taches de l'administration de Colbert, mais qui trouve son excuse dans l'exigence de la situation, que l'on dut les brillants résultats des sessions suivantes ; 2,000,000 de livres, votés sans difficultés, le 24 novembre 1674, à Montpellier : ce fut bien plus incroyable, le 7 décembre 1675, dans la même ville : « C'est avec beaucoup de
» joye que je vous félicite du don que nos Estats ont fait au roy ce
» matin de 3,000,000 de livres, écrit à Colbert l'évêque de Mende ;
» cela a esté fait dans un quart d'heure de temps, d'un commun
» consentement et sans aucune contestation. Le zèle de ceux qui
» composent nos Estats a esté si grand qu'il seroit malaisé de re-
» marquer qui a mieux fait pour le service du roy. » Le lendemain le cardinal de Bonzy tint un tout autre langage, disant au grand ministre, au contraire, que la demande formée par le duc de Verneuil avait consterné tout le monde, « tant est grande la
» misère de ce pauvre pays que les prisons sont pleines de collec-
» teurs. » Mais les intrigants ne s'arrêtaient pas à ces détails : il fallait contenter à tout prix la cour.

Les choses marchèrent aussi rondement jusqu'à la fin du règne du grand roi. Dans la session de 1713-1714, les Etats votèrent 3 millions pour le don et 1 million pour la capitation, et le chancelier de Pontchartrain put écrire à l'archevêque de Narbonne, le 26 novembre 1713 : « Quoyque ces délibérations soient main-

» tenant ordinaires, je suis persuadé comme vous qu'elles ne
» doivent pas paroistre moins considérables par la difficulté des
» temps. Vous ne devez pas douter que le roy n'en connoisse tout
» le prix et qu'il ne donne des marques de sa satisfaction dès qu'il
» le pourra. »

Édouard DE BARTHÉLEMY.

www.ingramcontent.com/pod-product-compliance
Lightning Source LLC
Chambersburg PA
CBHW070537050426
42451CB00013B/3060